AFORISMOS IMORAIS

LUIZ FELIPE PONDÉ

AFORISMOS IMORAIS PARA CANALHAS HONESTOS

2ª edição

GLOBOLIVROS

Copyright da presente edição © 2019 by Editora Globo S.A.
Copyright © 2019 by Luiz F. Pondé
Todos os direitos reservados.

Nenhuma parte desta edição pode ser utilizada ou reproduzida — em qualquer meio ou forma, seja mecânico ou eletrônico, fotocópia, gravação etc. — nem apropriada ou estocada em sistema de banco de dados sem a expressa autorização da editora.

Texto fixado conforme as regras do Acordo Ortográfico da Língua Portuguesa (Decreto Legislativo nº 54, de 1995).

Preparação: Alexandre Boide
Revisão: Mauro Nogueira e Amanda Moura
Capa: Cris Viana – Estúdio Chaleira
Foto de capa: istock
Diagramação: Douglas K. Watanabe

CIP-BRASIL. CATALOGAÇÃO-NA-FONTE
SINDICATO NACIONAL DOS EDITORES DE LIVROS, RJ

Pondé, Luiz Felipe
  Aforismos imorais para canalhas honestos / Luiz Felipe Pondé. – 2ª ed. – São Paulo : Globo Livros, 2020.

  ISBN 978-85-250-6720-3

  1. Relação homem-mulher – Aspectos sociais. 2. Relação homem-mulher – Aspectos psicológicos. 3. Papel social. I. Título.

19-60303
CDD: 305.3
CDU: 316.663:316.346.2

Meri Gleice Rodrigues de Souza – Bibliotecária CRB-7/6439

2ª edição – fevereiro/2020
1ª edição publicada sob o título de *Guia politicamente incorreto do sexo*

Editora Globo S.A.
Rua Marquês de Pombal, 25
Rio de Janeiro, RJ – 20230-240
www.globolivros.com.br

Para Danit

*Isso, e apenas isso, é o conteúdo de nossa cultura:
a rapidez com que a imbecilidade nos arrasta em seu turbilhão.*
[...]
*Certamente não é só o exterior de uma mulher que interessa.
A lingerie também é importante.*
Karl Kraus, *Aforismos*

*Vais ficar assim mesmo putinha, assim mesmo!...
e com isso vais gozar mais deliciosamente.*
Marquês de Sade, *A filosofia na alcova*

Sumário

Prefácio à segunda edição 13
Prefácio à primeira edição 15

Afetos tristes 17
Por que detesto o politicamente correto? 18
Aforismos 20
Mulher 22
Cosmética 23
Higiene 24
A alma feminina 25
Homens ruins 26
Partenogênese 27
Femmes aux hommes 28
Gosto doce-azedo 29
Ponto de vista 30
Preconceitos e analfabetos 31
Políticas do sexo 33
O risco da invisibilidade 36
O que é ser politicamente incorreto no sexo? 38
A filosofia libertina 39
A prostituta 41
Uma gostosa 43

Homem que (não) pede licença 45
Duas gatas em ação 46
A metafísica do sexo anal 47
"Vivam as putas!" 48
Charutos 50
Ser possuída 51
Ascensão profissional de Eva 52
Bom-dia 54
No meio do expediente 55
No canto da sala 56
O incômodo da idade 57
Sexo seguro não existe 58
Um homem do passado 60
Medo de ser homem 61
Emancipação masculina 62
Das contradições do mundo adulto 64
Meninas torturadas 66
Representações politicamente corretas do homem:
    escolas contra os meninos 67
Educação sexual e bullying 68
Filhos como experimento dos pais 70
Minitravesti 72

Novelas da TV 74
Pais idiotas e mães sábias nas séries de tv 75
Censura 77
Puritanismo político 79
Pureza de gênero 81
O problema das amigas heterossexuais 83
Aprendendo a superar preconceitos 85
Todo heterossexual é estuprador? 87
Escolha sexual 88
Ampliação das opções sexuais 89
"Cissexual" 90
Histeria como laço social 92
Quem paga a conta do jantar? 94
O politicamente correto gourmet 96
A nova fronteira 97
Mulheres obsoletas? 98
Aplicativos 100
O buraco da política 101
Não há crimes no paraíso 103
Epílogo: uma entrevista na Pré-história 104
Ainda na Pré-história: um dia comum 107
Ainda na Pré-história: sobre o chão 109

Prefácio à segunda edição: o canalha honesto

De cara digamos: o canalha honesto é um ser em extinção. Nesse sentido, este breve livro de aforismos imorais tem uma nobre intenção: trazer à vida esses mortos de medo que são muitos dos homens contemporâneos. Aqui acaba qualquer intenção nobre. O resto do livro, como digo no prefácio à primeira edição, é dedicado à mulher devassa.

A propósito: cada vez que você ouvir a expressão "masculinidade tóxica" ou "novas masculinidades" à sua volta saiba que você está diante de alguém que odeia homens e mulheres que gostam de homens. Quem usa essa expressão ou é canalha desonesto ou uma feminista chatinha. Este livro é escrito contra ambos.

"Um dia sentiremos falta do canalha honesto", profetizou o grande Nelson Rodrigues. E quem é esse canalha honesto? Segundo Nelson, é aquele que vendo sua cunhada caçula saindo do chuveiro de toalha cheirosinha e de cabelo molhado, a agarra no corredor e lhe dá um beijo na boca, que é correspondido pela menina. Ao ser indagado pela sua mulher, a irmã mais velha, ele responde: sinto muito, mas sua irmãzinha é muito gostosa!

Hoje não existem mais canalhas honestos. Existem canalhas que se comportam como portadores de uma "nova masculinidade". Ainda tentam comer a cunhada mais jovem, mas, quando vão "justificar", dizem que o problema é que ele, que se tornou vegano como ela, não consegue mais beijar na boca da sua mulher, a irmã mais velha, porque ela ainda come picanha.

Ou, quando pego comendo uma aluna, o canalha desonesto prontamente se diz vítima de uma educação que lhe foi imposta por uma sociedade saturada de "masculinidade tóxica". O patriarcado o fez querer comer a menina de dezoito anos. Coitadinho.

O canalha honesto é aquele que confessa gostar de mulher e perde a cabeça por isso. Não que isso o justifique moralmente. Pelo contrário: o que caracteriza a honestidade na canalhice sexual é saber-se além de qualquer desculpa moral ou psicológica. Daí sua honestidade.

Quem perde com o desaparecimento do canalha honesto, principalmente, são as mulheres que gostam de homens e que gostam da vida devassa entre quatro paredes. Por quê? Porque o homem da nova masculinidade, que reclama da "masculinidade tóxica", logo amanhã estará perdendo o interesse pela mulher e pronto. O que já está acontecendo. Narcisistas, os canalhas desonestos não amam as mulheres como objeto supremo de sua perdição. Não entendem que Adão desistiu de Deus porque Eva era muito gostosa. E que o resto veio depois. Por isso, muito provavelmente, foi mesmo um homem que escreveu a Bíblia. Pelo menos o Gênesis. Porque só um homem que gosta de mulher abre mão do Criador pelo gosto da mulher na sua boca.

Luiz F. Pondé
São Paulo, agosto de 2019.

Prefácio à primeira edição: devassa

De quatro, ela gemia. Por trás, ele a penetrava e doía. O amor anal é sempre selvagem e mais íntimo do que todos os outros. Gemia de dor, as lágrimas escorriam pelos lábios. Ele puxava seus cabelos loiros com força. Sentia-se uma cadela, momento supremo, pedia que a tratasse por cachorra. Um filósofo diria: eis a mulher.

Finalmente, sentindo-se objeto, como sempre quis. Finalmente alguém que não a respeitava. Espécie em extinção, homem que não pede licença. As mulheres ainda vão sonhar com o tempo que faltavam com o respeito com elas nas ruas.

Ao final, veste-se. A roupa branca trai sua função social: médica. Já no hospital, sorri para seus pequenos pacientes indefesos. Pediatra bem-sucedida.

Na TV, uma entrevista com uma chatinha condena o comercial da cerveja "Devassa" por exploração da mulher. Nossa médica gostosa, do alto de seu salto e de sua roupa branca, sonha em ser de novo objeto no dia seguinte. O amor anal a deixa ali onde ela quer estar: no lugar do objeto. Nenhuma mulher é mais amada do que aquela que é objeto de alguém. E ela pensa: "Como essas chatinhas atrapalham minha vida". Escondida por baixo das roupas brancas, uma espécie caçada: a devassa. A mulher que gosta de homem e não é histérica.

A lembrança ainda escorria em suas pernas. Criada num mundo ignorante sobre sexo, porque o confunde com província da "biopolítica", nossa heroína do amor anal demorou a descobrir o que se sabe desde a Pré-história. Fala-se "penetrar uma mulher" porque a anatomia imita a vida do afeto: o amor é invasão da vida.

Dedico estes aforismos imorais a ela.

Afetos tristes

O filósofo Baruch Spinoza falava que existem afetos alegres e afetos tristes. O politicamente correto nega o direito à existência a ambos e afirma apenas o direito de os afetos corretos existirem. O problema é que afetos corretos são como círculos quadrados, uma abstração sem corpo e sem alma. Ou somos alegres ou tristes. Corretos, nem os mortos o são. Esta coletânea de aforismos imorais é uma homenagem a quem não teme o pântano que é a nossa alma. Entre os dois tipos de afetos descritos por Spinoza, os tristes são os mais difíceis de ser domados, justamente porque são insuportáveis.

Por que detesto o politicamente correto?

Pouco é necessário dizer sobre a origem e a natureza da praga do politicamente correto. Muitos autores, e eu mesmo, já escrevemos contra ela: trata-se de uma forma de censura do pensamento, dos gestos e da linguagem, mediada por uma pauta política de esquerda herdada da *new left* (nova esquerda) americana das últimas décadas do século passado. Uma esquerda das universidades, sem a fibra para luta da esquerda clássica, que matou gente a rodo (mas era, pelo menos, feita de "cabras" sinceros), a *new left* americana é filha de Foucault e Derrida, gente que queria tomar vinho e criticar gestos, palavras e humores, sem aptidão para o combate a não ser via censura e humilhação pública dos outros – enfim, coisa de covarde (nos últimos tempos, essa esquerda covarde recebeu a bênção de dois nomes típicos da revolução de queijos e vinhos francesa, Žižek e Badiou). Essa esquerda de *campus* visa destruir os inimigos e fortalecer os criadores dessa pauta correta, como toda forma de censura, aliás, sempre se dizendo em nome do bem, mas que tem como inimigo número um o risco que a liberdade sempre carrega em si mesma.

Acrescentaria apenas que o terreno da vida sexual é um dos campos em que ela, essa pauta do politicamente correto, faz maior estrago, tornando a vida sexual e afetiva um inferno maior do que já é, impondo-nos agendas políticas que são desejadas por uma minoria de pessoas mal-amadas de alguma forma. Tomando de assalto a vida acadêmica, o Estado e suas ferramentas de gestão da sociedade sobre a qual tem poder, a mídia e a arte, a praga cria uma cultura de ignorância e proibição que fere até as ideias que um dia podem tê-la animado, como o direito de pessoas viverem como querem viver sem dar muitas satisfações aos chatos do mundo. A praga do politicamente correto destrói, no campo do sexo e do afeto, uma miríade de relações microscópicas construídas ao longo de milhares de anos entre homens e mulheres, a fim de dar conta dessa insustentável paixão que um tem pelo outro, seja nas suas formas legítimas, como casamento e família, seja nas suas formas ilegítimas, como o adultério e os segredos de alcova. As gerações mais jovens são cada vez mais educadas na ignorância do afeto, graças às taras teóricas de um bando de gente chata e sem repertório filosófico real, a não ser seu velho ressentimento contra a vida dos outros. Por isso, por ser gerado pelo ressentimento e rancor, o maior dano dessa praga é a vida moral: gente sem caráter adere facilmente ao politicamente correto porque ele funciona como o velho clero puritano e hipócrita, distribuindo punições e reunindo poderes nas instituições que domina. Entre elas, infelizmente, a mais combalida pela doença é a universidade, coitada, esmagada, por um lado, pela mania da burocracia a serviço da mediocridade, e, por outro, pelas pessoas ressentidas politicamente corretas. E, no centro dessa agonia, está sua crescente irrelevância como agência de debate real sobre o mundo, devido justamente às suas manias ideológicas.

Dedico estes aforismos a todas as mulheres e homens que sobreviverão à estupidez do politicamente correto. No caso específico das mulheres, principalmente, às mais belas, que sofrem mais com essa praga. A falta de beleza numa mulher, signo de sofrimento constante, é quase um trunfo nas mãos dessa praga.

Aforismos

Só gente chique escreve em aforismos. Nietzsche era um deles; Cioran, outro; Karl Kraus, outro. Como dizia o autor argentino Jorge Luis Borges, escrevo textos curtos porque sou preguiçoso. Com o tempo e com a escrita semanal em jornal, aprendi que quase nada exige mais do que algumas poucas palavras. Dirão os pobres de espírito que sou superficial. Mas, no fundo, não me interessa o que os pobres de espírito pensam. Só lembro que existem porque são maioria, e na democracia, o regime de quantidades por excelência, a maioria pesa no seu pescoço. Na realidade, não me interessa nada do que alguém pensa, quase nunca. Dirão as analistas amigas minhas que isso é desdobramento da melancolia. Somente quando estou muito feliz me interessa o que alguém pensa. Porque a felicidade verdadeira é sempre uma forma de generosidade com o mundo. O que está em jogo no aforismo não é a superficialidade, como pensa o pobre de espírito – que como todo pobre de espírito é prolixo –, mas a urgência em dizer algo e ir embora. Para você que me lê na cama antes de dormir, o aforismo também serve para esgotar um tema antes de você cair no sono, depois de um dia inteiro de escravidão a este mundo besta em que vivemos. E ainda dorme se sentindo um pouco mais inteligente, o que faz bem, na maioria dos casos, mas, às vezes, pode tirar o sono. E tem mais uma coisa: os aforismos, estes textos curtos que você tem em mãos, são sempre um atestado de impaciência com este mesmo mundo. A impaciência pode ser uma forma legítima de defesa.

Mulher

Sei que os chatinhos e as chatinhas me acusarão disso e daquilo por conta desses aforismos imorais. Essas acusações, em sua maioria produzidas nessas masmorras de irrelevância chamadas redes sociais, me dão sono. A principal acusação será de que estes aforismos tratam quase sempre de mulher. Como poderia ser diferente? As obras que importam de fato são aquelas escritas a partir de nossas obsessões, não? Fala-se daquilo que nos apaixona. Sei que hoje em dia condena-se essa forma de obsessão. A razão dessa condenação é que o tema sexo foi transformado em propriedade de gente mal-amada e com más experiências com o sexo oposto. O desejo pela mulher é, e sempre foi, um pilar da história humana. A fantasia de tê-la como objeto sexual move o mundo. Por isso, sempre digo que entre as pernas das mulheres se encontram segredos essenciais para a alma masculina e para o mundo como um todo. Infeliz aquele que nunca provou seu gosto.

Cosmética

O escritor austríaco do início do século xx, Karl Kraus, escritor de aforismos como eu, conhecido como "língua de fogo", dizia que a cosmética era a cosmologia da mulher. Claro que os chatinhos e as chatinhas acham que ele está dizendo que as mulheres não são capazes de entender cosmologia. Mas viver no nível banal do óbvio é típico dos corretos. Karl Kraus fala do lugar da beleza no universo feminino e de como isso é profundo na alma da mulher. Uma mulher que se sente feia é como um universo criado por um deus mau. Claro, os feinhos e as feinhas são contra a beleza porque não conseguem atingi-la e, sempre que se deseja muito algo e não se atinge, a alma deforma de inveja.

Dizer em voz alta que a cosmética é a cosmologia da mulher me dá vontade de sair na rua e agarrar a primeira mulher que eu encontrar e beijá-la. E provar seu gosto. Há uma certa leveza na constatação que faz Karl Kraus, leveza invisível para uma alma politicamente correta.

Higiene

Pessoas muito limpas não deveriam emitir opiniões sobre sexo. Uma cama muita limpa é um atestado de insanidade sexual. Uma mulher cheirosa demais dá medo. Gostar de cheiro de sexo é condição fundamental para falar de mulher. Uma mulher sem cheiro de fêmea é uma morta.

A alma feminina

Dizer que a lingerie é tão importante quanto o corpo numa mulher é reconhecer que a principal virtude feminina é a indecência em matéria moral. Nesse sentido, os medievais entendiam muito melhor de mulher do que nós, não por conta da excessiva culpa que atribuíam a elas, mas pelo reconhecimento de que o desejo feminino desordena deliciosamente o mundo e, por isso, a civilização está sempre atenta a ele, esse motor da dissolução do caráter de qualquer homem. A mulher decente é ótima para janta. A indecente vale um jantar. E diamantes.

Homens ruins

Um dos maiores problemas dos debates politicamente corretos sobre sexo é o fato apontado pela autora americana Phyllis Schafler: esse debate é dominado por mulheres que não tiveram sorte no amor e, por isso, só conheceram homens ruins. Daí, elas tiram a conclusão de que todos os namorados e maridos das outras são trastes como os delas. No fundo, esse ódio é fruto, como sempre, não de um argumento racional, mas de uma paixão ferida. Recuamos na experiência humana quando passamos a acreditar que o que move o mundo da razão é a própria razão, e não a mais pura tara.

Partenogênese

Outro traço dessas infelizes no afeto é a solidão. Grande parte dessa turma vive na academia (mundo que também habito e conheço). Outro espaço é o da mídia (outro mundo que habito e conheço). A solidão é uma doença endêmica nesses ambientes. Grande parte é de gente solitária. Se não, por que alguém algum dia afirmaria absurdos do tipo "a humanidade não está dividida em macho e fêmea"?

De qual planeta eles chegaram? Provavelmente, um no qual a partenogênese é o método de reprodução. E, se lembrarmos desse método de reprodução, perceberemos que uma das suas marcas é a monotonia e a repetição do mesmo conteúdo genético. A vantagem de deitar-se com uma mulher é que, além de seu gosto doce-azedo, esse processo de reprodução mistura as cartas (leia-se, o DNA) do casal, criando uma prole diferente do pai e da mãe. Essa é a conhecida vantagem da reprodução cruzada, como se chama nosso tipo de reprodução. Após pagar pelo jantar, o homem, se merecer, poderá ajudar a criar novas vidas no ato de fecundação da fêmea humana. E, assim, escapamos da monotonia da partenogênese, ideal do desejo de gente solitária.

Femmes aux hommes

O politicamente correto raramente entende a beleza e a vontade de possuí-la. Nietzsche, que entendia bem de ressentimento, se vivesse hoje, vomitaria diante do politicamente correto. Não é à toa que em sua obra nos advertiu para o dia em que as mulheres correriam o risco de perder sua "natureza" e cairiam na tagarelice do vazio. Essas mulheres das quais ele falava são hoje as politicamente corretas, que reprimem o desejo atormentado entre homens e mulheres. Ainda chegará o dia em que as chatinhas e os chatinhos perseguirão as mulheres lindas pelas ruas, tratando de espancá-las, assim como na França pós-ocupação nazista humilharam mulheres em praça pública, aquelas mesmas a quem iam pedir favores durante a ocupação. A substância da moral pública sempre foi a hipocrisia e não deixou de sê-la. E sempre ela, a velha hipocrisia, falou em nome do "bem". Confundimos a decadência da hipocrisia puritana com a natureza mesma da hipocrisia que é sempre se oferecer como juiz do mundo. Que cuidemos de nossas lindas porque um dia serão consideradas colaboracionistas (dos "opressores homens"). Aquelas mesmas mulheres que os franceses chamam de *femmes aux hommes* (mulheres que existem para os homens) e que fazem a vida valer a pena.

Gosto doce-azedo

Meio doce-azedo é o sabor da mulher. Cada vez mais exige-se coragem para prová-lo. Escondido, ali, entre as pernas, lugar de segredos. Dizem por aí que os homens têm medo desse lugar. Inveja do seio, dizem. Ridículo: quando você é pequeno, sonha com o seio da sua mãe como fonte de doçura (para quem dá sorte e tem uma mãe dessas, suficientemente boa...). Quando você cresce, quer chupar o seio porque mulher é coisa gostosa e geme quando se sente assim. Quando uma mulher geme não é apenas porque ela goza de prazer, é porque goza ao se sentir gostosa. Nenhum homem tem inveja do seio nem do útero. Homem tem pavor da dor de parto e se sensibiliza com ela. Tampouco tem medo da vagina. Homem quer penetrar na vagina ou chupá-la.

Meu Deus, como Freud tinha razão: a histeria se tornou laço social. Seu nome técnico é "políticas do sexo" e, por natureza, não tem gosto nenhum (prefiro esta expressão a "políticas de gênero", que usarei apenas quando for para apontar seu ridículo no uso como pedagogia para deixar todo mundo sem interesse pelo sexo). E para deixar os meninos com medo das meninas. E as meninas com raiva dos meninos.

Ponto de vista

Sim, este livro é escrito por um homem que gosta de mulher. Não me venham cobrar outros pontos de vista. Esses outros, cobrem de quem tem outros gostos. Em breve, dizer que se gosta de mulher será considerado ilegal porque todo homem que gosta de mulher, gosta dela, antes de tudo, como objeto. Mas a estupidez é assumir que essa frase exclui a alma ou qualquer coisa além do corpo. Tudo nela pode ser objeto de desejo. Para submeter uma mulher ao gozo se faz necessário primeiro submeter seu espírito ao desejo de ser objeto. Em seguida, sua alma pode vestir uma lingerie.

Preconceitos e analfabetos

Não tenho preconceitos, a não ser os necessários para o desejo sexual existir. Aliás, como dizia Karl Kraus (ele será como uma sombra pairando sobre estes aforismos porque todo escritor tem sombras que tornam sua vida possível), o conhecimento erótico é da ordem da arte, não da educação. Por isso, muitas vezes somos obrigados a soletrá-lo (palavras de Kraus) para os analfabetos. E, pior, o mundo hoje é um parque temático de analfabetos que falam pelos cotovelos e atrapalham a vida daqueles que ainda têm algum desejo pelo sexo oposto. Sei: dirão esses analfabetos que excluo os gays. Não, apenas os julgo parte da gente normal, que, como os héteros, logo perderão também o desejo sexual. No futuro existirão museus do sexo porque pessoas evoluídas não farão sexo, apenas falarão que fazem.

Os analfabetos criaram as teorias de gênero, fruto de sua incapacidade de suportar a arte erótica e sua violência natural. Quanto mais o homem deseja menos a mulher, mais ele é violento sem ser erótico. E é essa violência que deve ser combatida, não aquela que molha o lençol. Assim como um analfabeto não enxerga os códigos escondidos na combinação das letras, o analfabeto no Eros não enxerga a devassa por trás de toda mulher. Os analfabetos ainda criarão impostos para o sexo, achando que estão criando direitos.

Aliás, não sou muito dado a preconceitos, mesmo porque acho que em toda parte existem grandes quantidades de idiotas (como dizia, de novo, Karl Kraus), e não gosto de ser mesquinho com ninguém. Todos têm o direito de ser reconhecidos como são.

Políticas do sexo

O que vêm a ser as políticas do sexo? É hora de explicar essa "ciência" que está na base do sexo politicamente correto. E todo mundo sabe que querer fazer sexo politicamente correto é como querer ser piloto de avião tendo medo de altura. Coisa de gente puritana. Mas essa história começa muito antes de os chatinhos e as chatinhas dominarem o mundo. Começa quando Rousseau (século XVIII) imaginou um mundo sem conflitos porque as pessoas teriam sentimentos organizados socialmente. Ele pensava na ordem da natureza, mas, como lunático que era, esqueceu que a natureza, como toda mulher bela, é cruel. A ideia de um mundo no qual a vida é equilibrada plenamente não tem nada a ver com a natureza. A natureza é o lugar do desequilíbrio e do desrespeito. Quando chegamos a Marx (século XIX) e seu paraíso de homens sem propriedades, sem ciúmes e sem inseguranças, porque os carros seriam de todos (e as mulheres também, porque Marx estava longe de ser politicamente correto como os chatinhos e as chatinhas), o estrago está feito. Para Marx, tudo é política (já que a história econômica é um processo inevitável em que os fatos obedecem a Marx), logo, sexo também é política. Mas Foucault (século XX) foi quem deu o tapa final para muita gente pensar que sexo é política: para ele, o mundo é apenas um conflito entre formas de dominação (as formas de "homogeneidade" das quais ele fala). Tudo é construção social discursiva. O que é isso? Suspeito que muitos foucaultianos repetem essa ideia sem saber direito o que é, mas, na prática, em termos de sexo, isso deságua na ideia de que um discurso social constrói as identidades sexuais a partir de formas de dominação, estabelecendo, por exemplo, que mulheres gostam de ser penetradas e possuídas e que homens têm que gostar de fazer isso com as mulheres (coisa que ele, Foucault, não apreciava muito).

Na ponta final dessas políticas do sexo (ou teorias de gênero) está a ideia de que a humanidade não está dividida na díade macho-fêmea, mas, sim, que essa díade é uma construção do discurso patriarcal opressor. Sei que isso dá sono para qualquer um que já viu uma mulher gemendo de tesão, mas vamos adiante nessa coisa. O resultado é que chegamos assim à ideia de que sexo politicamente correto é sexo que desfaz qualquer forma de "opressão" política do corpo (da mulher, quase sempre). A semelhança com a ideia de culpa cristã pela crença de que temos uma "vontade pecadora" (no caso das políticas do sexo, a "vontade pecadora" seria a "vontade patriarcal opressora") é enorme, daí a semelhança com o puritanismo. A diferença é que o pecado dá tesão, enquanto o papo político dá sono, a menos que a crente nesse blá-blá-blá político se derreta de tesão por alguém que despreza esse mesmo blá-blá-blá. Essa é a razão, em parte, de o livro *Cinquenta tons de cinza* ter feito tanto sucesso: a personagem, uma menina típica, criada nesse caldo bobo da emancipação chatinha, tropeça de tesão ao conhecer o todo-poderoso Gray (depois o livro se perde porque vira um pornô de brincadeira, como quase tudo hoje em dia, em se tratando de discurso sobre o desejo, porque nunca existiu um mundo com tanto medo do desejo). Descobrir que gosta de ser submetida no sexo é descobrir sua sexualidade reprimida pelo discurso politicamente correto atual. A maior repressão à sexualidade feminina hoje vem do feminismo. E mais: os especialistas em gênero são gente, normalmente, solitária. Os gays se divertem com o modo como alguns héteros odeiam a si mesmos.

O risco da invisibilidade

Se o cristianismo, como dizem, deixou a mulher sem desejo porque tinha medo de sexo (algo com que não concordo e direi logo a razão), as "políticas do sexo" fazem um estrago ainda maior. São piores que o puritanismo cristão porque não deixam nenhum espaço para o pecado e para a culpa, equivalentes a uma saia curta numa mulher. Nada é mais delicioso do que uma mulher culpada. Essas políticas corretas canalizam as relações amorosas para o ressentimento, por isso matam a coragem necessária para o amor e o sexo. A política correta do sexo deixa você numa cama vazia, mas calmo, sem as ansiedades de quem quer possuir uma mulher. O verbo "possuir" usado para o objeto "mulher" é uma das formas mais eróticas na língua portuguesa. Uma mulher possuída geme sob o sexo de "seu dono". As políticas corretas do sexo anulam tanto homens como mulheres. Enquanto o cristianismo cobria a mulher com o manto da prostituta, e toda prostituta é desejada (por isso dizia acima que não acredito que o cristianismo fizesse tão mal ao desejo sexual), o sexo correto deixa a pele seca. A própria ideia de sexo comprado é erótica. Por isso, Nelson Rodrigues dizia que a prostituição não é a profissão mais antiga da mulher, mas sua vocação mais antiga. Sua ideia não é maldizer as mulheres (só os imbecis pensam assim), mas enaltecer o caráter erótico e pecaminoso do desejo que se tem pelas mulheres. Ideias como essa do Nelson são como verdadeiros "marcadores" contra o sexo correto. Quando ouvida, quem se revolta contra ela é um analfabeto em sexo. E, infelizmente, o lugar onde se encontram mais analfabetos no Eros é onde se acumulam inteligentinhos: o mundo da cultura e do pensamento. As universidades contemporâneas são lugares sem nenhum Eros e com muita política. Apesar de as meninas andarem de shortinhos no verão, os meninos preferem seus iPhones. Temem as meninas porque muitas delas, transformadas em chatinhas corretas, não permitem que os meninos digam mais nenhuma palavra na sala de aula. Elas não percebem que, quando desaparecer o desejo masculino, ficarão invisíveis para si mesmas. Talvez mil anos nos curem do sexo politicamente correto, ditado por algumas pessoas que sempre tiveram má sorte no amor e pouco sexo de qualidade na vida. O sexo politicamente correto é uma receita infalível para ficar feia.

O que é ser politicamente incorreto no sexo?

Ser politicamente incorreto no sexo não é ser grosso, estúpido, machão ou insensível. É saber que, no fundo, toda mulher sonha que alguém a banque, no tesão, na grana, no sonho, na vontade que ela tem de ficar de quatro. Dizer isso não significa que nossos amores não sejam capazes de viver sem isso porque nossa espécie sempre esteve equipada para ser infeliz. E ser bancada na grana não significa ser dependente na grana, mas, sim, sentir que ele "dá conta da grana" se ela quiser descansar um dia no cabeleireiro. Infelizmente, dizer a verdade sobre o desejo na vida cotidiana entre um homem e uma mulher se tornou uma missão quase suicida, principalmente se você estiver falando com gente inteligentinha (a verdade pura e simples em moral e política, quando aparece, como diz um amigo católico meu, nos comove como um milagre, de tão rara que é). O grau de histeria articulado como laço social torna isso (ter um homem que a banque) cada dia mais difícil. Muito provavelmente, no futuro, as mulheres e os homens serão cada vez mais consumidores exigentes de ferramentas contra a solidão e a desconfiança. E se acharão chiques por essa consciência de consumidor exigente. O ridículo é o destino do mundo contemporâneo.

A filosofia libertina

Marquês de Sade, que viveu no século XVIII, é conhecido por ser o maior expoente da chamada filosofia libertina. Essa filosofia ficou conhecida como aquela contra a moral da época por excelência. Mas suspeito que, se Sade vivesse hoje, talvez atacasse, cruelmente – como era de seu estilo –, outros signos do ridículo social. Sade vomitaria sobre o politicamente correto.

Ridículo, especialmente, é quem tenta fazer de Sade um arauto do sexo livre "entre iguais". A república de Sade era uma república de quem gostava de violar meninas virgens. Aqui não vem ao caso defender seus exageros estilísticos, mas reter seu foco crítico na hipocrisia social que rege a vida sexual, ontem e hoje. Mesmo, e principalmente, quando essa hipocrisia muda de lugar. Antes essa hipocrisia era basicamente de substância religiosa; hoje, ela é de substância política. Talvez daqui a quinhentos anos isso fique mais claro. Nossos descendentes rirão de como tornamos a vida sexual um inferno de demandas enquanto fazíamos um discurso de liberdade. Uma das provas óbvias é que as chatinhas e os chatinhos que hoje se julgam revolucionários sexuais são superpuritanos quando se fala em pornografia. A esquerda um dia foi libertária, hoje é puritana. Qualquer mulher que usa o seio como ícone político é, na realidade, uma puritana, porque o seio é da mãe ou da fêmea, nunca da militante. Claro que uma mulher pode fazer o que quiser com o seio. Mas achar que isso seja uma grande coisa é o que dá sono. As políticas do sexo retiram o Eros do corpo porque gozam com a política, não com o corpo. Até mesmo psicanalistas bobos falam de "pulsão política". Se Freud ou Lacan estivessem vivos hoje para ver as bobagens que fazem em nome deles (tipo dizer que eles acreditam na transformação política do homem), também vomitariam em cima das políticas do sexo.

O que seria uma filosofia libertina hoje? Seria uma filosofia que riria das chatinhas e dos chatinhos e seus coletivos-formiga que falam a mesma coisa o tempo todo como que querendo suprimir o ruído do mundo. Em meia hora de Pré-história (nossa alma continua sendo pré-histórica e nosso inconsciente também) toda essa discussão de gênero apareceria no seu ridículo. Essas pessoas são apenas pessoas querendo viver bem com suas agonias pessoais (o que têm direito de fazer) e, para isso, inventam que homens e mulheres são criação social (o que não têm o direito de ensinar para os mais jovens, mas o fazem). Na verdade, "criação social" deles (os corretinhos), fruto da repressão deles sobre as pessoas reais. Nelson Rodrigues é a evolução de Sade: Nelson entendeu que o gozo não salva ninguém, ainda que o desejo seja irresistível. Não existe lugar no sexo libertino para o respeito, tampouco lugar para a saúde. O sexo politicamente correto é uma conversa entre mudos porque não entende o que a mulher pede quando sua boca enche de água. Não fosse isso, por que chamar o ato de fazer sexo com uma mulher de "penetração"? Uma mulher que é respeitada o tempo todo morre de tédio. A cura do tédio feminino é tratá-la como objeto de desejo.

A prostituta

O mundo nunca eliminará a prostituta do universo social, porque ela representa a mulher que gosta de sexo fácil e, para o homem, ela é a mulher fácil. Uma mulher fácil não é apenas a mulher que dá fácil, mas a mulher que o homem sabe exatamente quanto cobra pelo sexo. Com isso não quero dizer que não haja relações permeadas por amor entre homem e mulher, mas que o homem, muitas vezes, busca a prostituta porque ela não faz demandas (a não ser de preço) e não "trabalha" na insegurança do homem. Isso muitas vezes soa infantil e bem pode sê-lo, mas não elimina o fato de que, muitas vezes, o homem busca sexo numa mulher sem ter que lidar com todas as exigências e complexidades que uma relação implica. Pelo contrário, para o homem, a prostituta é a garantia de não precisar lidar com as inseguranças femininas que se traduzem em demandas de atenção, tampouco com as inseguranças masculinas que fazem tantos brocharem. A prostituta é a mulher mais fiel que um homem pode ter. Num mundo em que as relações são "emancipadas", a prostituta se constitui, mais do que nunca, num porto seguro. Ao invés de a emancipação feminina eliminar o mercado da garota de programa, criou um mercado ainda maior para a garota de programa, na medida em que ela recebe o homem numa fantasia que há muito vem desaparecendo do planeta. Num mundo de sexo livre, a garota de programa é a personagem que representa o sexo do pecado, e, por isso mesmo, mais essencial do que nunca. Num mundo sem pecado, ela é a única que ainda veste o manto da vergonha, como dizia Nelson Rodrigues. E a vergonha feminina vale uma lingerie.

Uma gostosa

Tome cuidado, porque hoje o mundo está perigoso para homens que apreciam o sexo frágil, principalmente se você circular por meios onde trabalham ou habitam aqueles inteligentinhos frouxos e inteligentinhas azedas. Mas um dia preste atenção em como os olhos de uma mulher brilham quando percebe que você a achou gostosa. Claro, não necessariamente de modo grosseiro, apesar de muitas mulheres confessarem que, se passarem por uma obra e não ouvirem "gostosa, te chupo todinha!!", ficam deprimidas. Isso nada tem de machista; claro que nem sempre é o momento, mas nem sempre é o momento para coisa nenhuma. O risco é parte da sedução. O fato é que as políticas do sexo aniquilam o desejo e, com isso, as mulheres se sentem cada vez mais feias e solitárias. Quem ganha com isso é a indústria do tédio, dos jogos virtuais, dos antidepressivos e dos especialistas em gênero.

Os olhos dela brilharão, e ela esconderá com doçura esse fato. As mais sofisticadas podem até ficar vermelhas porque a sofisticação, às vezes, embota o gozo. Nunca olhe direto para as pernas cruzadas dela, senão ela será obrigada a mudar de posição para não parecer fácil. Uma mulher nunca gosta de parecer fácil, só quando já deixou isso transparecer sem querer. Olhe de modo discreto. Assim, você poderá ver seu espírito mais íntimo, e ela poderá se sentir repousando na sua essência feminina: oferecer-se como objeto de desejo do homem.

Homem que (não) pede licença

Tema delicado esse porque é facilmente confundido com indelicadeza. Freud tentou nos dizer que sexo é irracional. Sade gozou com essa irracionalidade. Muitos malucos por aí se mataram por essa irracionalidade, que, do ponto de vista masculino, vem sempre com salto alto e um corpaço. Mas, ainda assim, as "políticas do sexo" querem fazer uma "carta de direitos sexuais". Um homem que não pede licença para uma mulher é alguém que entende o detalhe do jogo amoroso e não teme um "não" porque sabe que muitas vezes o "não" de uma mulher é um "sim" desesperado.

Uma das coisas mais difíceis numa mulher é saber o que ela quer. Todo mundo sabe disso, a começar por ela. Se você dá tudo, ela se entedia; se não dá nada, você é um fraco. Mais fácil esclarecer a física quântica do que o desejo da mulher.

Para um homem que não pede licença (o que nada tem a ver com um grosso), toda essa coisa de entender o desejo da mulher é metafísica inútil. A cosmética explica melhor o universo feminino (da mulher feliz) do que a teoria de gênero (especializada em homens infelizes e mulheres feias). Na linguagem feminina, esse homem é aquele que tem atitude e pegada, duas palavras que, para o universo feminino (da mulher feliz), sintetizam tudo o que uma mulher deseja num homem que ela quer que a penetre.

Duas gatas em ação

Um dos maiores mistérios para as mulheres é entender a razão de os homens adorarem ver duas gatas em ação. O fato de cenas assim estarem no mercado (e o mercado é sempre um sábio da natureza humana e, por isso mesmo, é detestável para quem teme esta mesma natureza) de filmes pornô hétero é indicação de que homens gostam disso. A beleza aqui é dobrada. Muitas mulheres, contaminadas pela praga do politicamente correto que vê machismo até no Papai Noel, acham que isso é puro machismo. Outras imaginam que seja desejo de dominação, como se Foucault (que inventou esse negócio de "dominação" porque gostava de rapazes fortes com roupas de couro) entendesse alguma coisa quando se referiu ao desejo masculino por uma mulher. Não. Pouco importa a razão de os homens sonharem em ver duas gatas em ação. Ninguém sabe a razão desse desejo. E, como tudo que é mais forte ou importante em nós, pouco se sabe a causa, e quase sempre pouco importa saber. Os cabelos entre as pernas delas, os gemidos em uníssono, o batom que borra o sexo da outra, tudo se junta numa prova de que a vida vale a pena ser vivida. Na dúvida, dê de presente para seu namorado uma cena como essa. Escolha uma gata que ache bonita para vocês dois a comerem juntos. Ele te amará para sempre.

A metafísica do sexo anal

Sexo anal era o preferido de Sade. Entre seitas antigas que acreditavam que quem criou o mundo era um ser cruel, o sexo anal era uma forma de enfrentamento da máquina de tortura desse deus que nos fizera desejar o sexo para produzir mais vítimas pra ele. Por isso, os revoltados pessimistas praticavam sexo anal (e oral) como forma de sexo "consciente" do desastre cósmico que era a "criação". Eis a metafísica antiga do sexo anal.

Lembro-me de como nos idos dos anos 1970, meninas de família (aquele tipo desejado pelos meninos) faziam sexo anal e oral assim como quem respira. Com a chamada liberdade sexual, o sexo anal ganhou contornos de relação mais íntima e objeto de grandes reflexões metafísicas. A razão da liberdade anal pré-revolução sexual era o medo de perder a virgindade. Por isso, as meninas de família faziam sexo anal como forma de sexo seguro. Hoje, o sexo anal virou objeto de debate moral. Fazer ou não fazer, eis a questão. No final das contas, esse processo acabou por tornar o sexo anal mais delicioso porque mais raro e, por isso mesmo, mais caro. Um jantarzinho apenas não basta. São necessários no mínimo dois e mais um presente.

Na metafísica antiga do sexo anal, ele era um ato de revolta cósmica. Na metafísica contemporânea do sexo anal, virou uma forma de confissão de amor profundo.

"Vivam as putas!"

O livro *A filosofia na alcova*, do Marquês de Sade, é cultuado por muita gente que não entende nada de Sade – como é comum quando se associa facilmente um autor à ideia vaga de "liberdade". No livro, a jovem Eugenie é iniciada na filosofia libertina pelo filósofo Dolmancé, pela Madame de Saint-Ange, amiga do filósofo e dona da casa, e pelo Cavaleiro, irmão de Madame, a pedido do pai da menina. Se Sade escrevesse hoje, seria acusado de pedofilia, com certeza e com razão. Mas, como é típico do mundo das políticas do sexo (um mundo excessivamente político é, normalmente, superficial e violento), lemos Sade como um republicano libertário, sendo que ele tinha uma concepção de natureza cruel (muito parecida com nosso Machado de Assis e com os gnósticos cristãos que achavam que o mundo tinha sido criado por um Deus cruel), materializada em seus heróis famintos de sexo e torturas eróticas de vítimas inocentes (por isso mesmo deliciosas). Não existe Sade para vegetarianos, mas hoje em dia até sádicos querem ser politicamente corretos e levar sua dominatrix para a reunião de pais e mestres. O mundo correto é um mundo de ovelhas. A personagem Eugenie aprende com Dolmancé que as verdadeiras filósofas são as putas (daí sua fala "Vivam as putas!") porque entendem que a delícia no sexo é a submissão de si e do outro ao tesão. Não há como compatibilizar Sade com o mundo politicamente correto, apesar de os idiotas das políticas do sexo acharem que sim. Eugenie aprende como é bom ser tratada como cachorra pelos homens e como seu desejo feminino implica nesse "gozo de cachorra".

Não precisamos fazer o discurso libertino de Sade na sua plenitude e violência, mas é claro que sua filosofia libertina continua necessária, talvez mais do que nunca, agora que o sexo caiu sob o domínio dos chatos e das chatinhas que nos querem obrigar a virar ovelhas de seu rebanho de castrados e castradas. Assim como em *História de O*, de Pauline Réage (Anne Desclos, seu verdadeiro nome), a mulher é iniciada no desejo quando se entrega como objeto. O discurso politicamente correto confunde isso com violência política porque vê política em toda parte. Por isso mesmo é puritano e incapaz de entender esse Eros incontrolável.

Charutos

Freud dizia que, às vezes, um charuto é só um charuto. Mas, na boca de uma mulher, faz um estrago enorme. Como o mundo está ficando cada vez mais limpinho, logo fumar será um ato tão violento como era na obra de Sade o ato de abrir barrigas de grávidas enquanto sujeitos se masturbavam até gozar.

Existem lugares em algumas cidades (conheço locais assim em São Paulo e no Rio de Janeiro) em que pessoas fumam charutos em paz, sem aquela gente chata que quer viver para sempre. Mas uma das melhores atrações de lugares assim (além dos Cohiba, Montecristo e Partagas D4) são as mesas nas quais grupos de mulheres se reúnem para fumar charutos. A simples visão de mulheres com um charuto na boca já nos encanta pelo fato de nos lembrar uma de suas maiores vocações na vida. Suas bocas molhadas entre o batom e o charuto nos fazem enxergar essas almas generosas sob o manto do cotidiano. Invejamos aqueles charutos e rezamos para que os deuses garantam que nunca faltarão no mundo essas mulheres vocacionadas para os serviços sexuais mais ancestrais.

Ser possuída

Não existe verbo melhor do que "possuir" para descrever a relação sexual entre um homem e uma mulher. Palavra em desuso (devido ao lento e gradual desaparecimento da mulher desejada e do homem que a deseja), ela carrega em si toda a anatomia e a fisiologia do ato em que um homem declara ser "dono" daquela fêmea. Só o gozo pode seguir a essa constatação construída ao longo dos milhares de anos que nos contemplam do passado. Olhos femininos brilham diante de tal expectativa de pertencimento à vida.

Ascensão profissional de Eva

É claro que existe a competência profissional feminina, quem nega isso é cego ou idiota. A relação entre competência profissional e beleza é que desperta o ódio das chatinhas. O problema também se apresenta no caso masculino, mas, como os homens ainda têm mais presença no mundo das decisões, a questão é mais evidente no caso feminino. Ainda mais porque, aparentemente, inclusive apoiados pela psicologia evolucionista, os homens se concentram mais nas formas físicas primeiro e nas espirituais por último, enquanto a beleza masculina, para uma mulher, envolve mais "o conjunto da obra". A beleza numa mulher é artigo de ódio mortal (por parte das feias e por parte dos que não conseguem pegá-la), o que revela sua marca como critério absoluto. Uma mulher bonita tem muito mais chance de sucesso profissional. Se sua carreira depender mais de decisões masculinas (se feias tiverem poder sobre ela, está perdida), seu sucesso é mais seguro. Perdoam-se mais as bonitas, ouvem-se mais as gostosas. Fazer uma reunião com pernas lindas a sua volta melhora o pensamento, ainda que ignorantes e mentirosos digam o contrário. Qual é o homem que, entre uma linda e uma menos linda (para ser politicamente correto), optará pela segunda? Somente se sua mulher souber quem ele está escolhendo. Do contrário, se um cara escolher uma menos bonita (assumindo um certo limite de competência, que pode mesmo ser ultrapassado com riscos para a função), ele é gay e, por isso mesmo, impermeável a essa paixão ancestral pela beleza feminina desde Eva. Mesmo diante de Deus, o homem escolheu a mulher. Fosse Eva uma feia, a Criação estaria no seu lugar até hoje. Quando se começa a mentir sobre coisas básicas como essas, estamos perto do fim. Como alguém pode dizer que a Bíblia é machista quando Eva venceu Deus no prólogo do drama cósmico?

Bom-dia

Escutam-se os passos dela no corredor. Boca vermelha, saia justa, olhares temíveis das feias. Coloca a bolsa Prada com delicadeza e distraidamente sobre a mesa. Olhar um pouco vago. Quando ela passa, espero silenciosamente o "bom dia". O sorriso ilumina a sala. A voz é um encanto por si só. O cheiro anuncia sua beleza. As formas do corpo provam que vale a pena seguir trabalhando de sol a sol. Deve ser a ancestralidade das cavernas falando em nós dois. Ainda bem que evoluímos e, por isso mesmo, esperamos o bom-dia dela, antes de jogá-la contra a parede quando ninguém estiver olhando.

No meio do expediente

Sobre a mesa, em meio aos papéis, pernas levemente abertas. Calcinha afastada para o lado. O rosto do chefe entre as pernas. Sons incompreensíveis. Sala fechada. Qualquer pessoa pode bater na porta a qualquer instante. Respiração alterada. Medo sufocado. Ética diluída no suor. Perfume de mulher. Gosto doce-azedo.

    Ao final, fala-se sobre o cliente que deve chegar a qualquer hora. No meio do expediente, uma rapidinha pode ser o segredo do sucesso para aqueles e aquelas que ousam usar o corpo como ferramenta de sobrevivência da humanidade. Quem não mistura sexo e trabalho deve muito àqueles que o fazem.

No canto da sala

Vê-la ali de joelhos, oferecendo seus serviços com carinho e submissão, os dois espremidos no canto da sala, é a prova de que escolhemos a profissional certa para a empresa. O ambiente de trabalho fica mais iluminado com gente generosa no dia a dia. Mas ela tem que gostar, nada de assédio. E as melhores adoram. Em seguida, brilham nas reuniões, dando ideias originais e inteligentes, porque a verdadeira inteligência e originalidade numa mulher nunca é separada da vida entre suas pernas.

O incômodo da idade

Ela é muito bem-sucedida profissionalmente. Fala com facilidade de como toca a casa, os filhos, o marido e a empresa, sem qualquer limite. Mas, quando lhe é perguntada a idade, percebe-se o mal-estar. Pouco importa toda essa gama de temas da emancipação feminina, a idade, a forma dos seios e da boca, o desenho das pernas, a graça das ancas continuam a ser temas muito mais essenciais numa vida psicológica saudável. A verdade sobre a mulher contemporânea está mais no mal-estar com a idade, e na alegria de saber que alguém acha sua bunda linda, do que em todo o papo sobre emancipação.

Só espíritos muito confusos julgam que podemos separar as habilidades femininas de seu corpo. Na beleza, a inteligência se sente em casa.

Sexo seguro não existe

Todo mundo um pouco mais velho se lembra do coração disparado no momento de chamar uma menina para dançar. O poder dela de destruir sua noite diante de todos era avassalador e, ao mesmo tempo, encantador. Um "não" encerrava uma carreira por alguns dias. Um "sim" colocava o vencedor da noite nos céus. Se ela fosse linda, a vitória era esmagadora.

Com o politicamente correto, inventou-se a ideia de sexo seguro no âmbito das relações. Ninguém precisa dele para aprender que não se deve maltratar os outros, educação doméstica basta, inclusive porque muitos dos censores são uns infelizes na vida afetiva que escondem seu fracasso atrás dessas pautas políticas. Lidar com o fracasso afetivo é um dos mais constantes e insolúveis desafios da vida adulta.

O sexo nunca é seguro por razões básicas: você pode ou não ser bom ou boa de cama. Na cama, todo mundo está nu. E, como o sexo é um ato moral (no sentido de que fala de hábitos, virtudes, vícios, normas e liberdades), o terreno para a má fama é enorme. Fazer sexo é se abrir ao risco do fracasso, do rancor e da vergonha. Homens, com sua maldição de querer ser sempre fortes, sofrem muito com esse risco na vida sexual. E, como a mentira é a substância da moral pública, é muito difícil querer separar sexo de mentira. Junto com o sexo vai o desejo de machucar, o risco de odiar, a vontade de submeter, o medo de enfraquecer. Num mundo em que as pessoas se respeitam plenamente na cama, a reprodução terá de ser sempre fruto da medicina e será mais fácil a masturbação do que a penetração. O "respeito" não é um ingrediente da penetração; esta depende da vontade de possuir a mulher e acuá-la, como numa caverna há 100 mil anos.

Um homem do passado

Um homem do passado, incorreto, não é o grosseiro que o politicamente correto quer dizer que é. Esse homem é muito mais delicado, atencioso, cuidadoso e investidor do que o bando de meninos frouxinhos que se dizem preocupados com a "opressão do corpo da mulher" em nossos dias. O homem ideal para o politicamente correto é o homem indiferente à mulher. Ou o homem que tem medo da mulher. Ou o homem grosseiro travestido de correto, mas que, na verdade, arde de ressentimento de ver tantas fêmeas lindas desfilando pelo mundo, sendo ele um incapaz do desejo para possuí-las.

Medo de ser homem

É difícil a arte de ser homem, principalmente num mundo em que a histeria é laço social. O homem tem que ser forte, corajoso, saber sempre o que quer, não temer seus sentimentos (melhor, quase não tê-los, apenas na medida certa determinada pelas chatinhas). Tem que ter dinheiro, sucesso, ser admirado, nunca um fracassado. Se despertar pena, está arrasado. Como os leões da selva, o homem deve ser capaz de domar as fêmeas. Mas nada disso pode ser dito hoje, porque o politicamente correto determina que o homem não deve mais existir, e que o mundo só terá paz quando o último for enforcado nas tripas de sua última namorada apaixonada.

Emancipação masculina

Existe emancipação masculina? A expressão soa, concordo, ridícula. Mas preciso dela para descrever um grande risco do futuro. E as meninas serão as mais afetadas, com certeza. Só gente cega não entende que tudo o que afeta o homem afeta a mulher e vice-versa. Um dos efeitos nefastos do povo que diz que não existe sexo na espécie humana, porque tudo é socialmente construído, e que a humanidade não está dividida na díade macho e fêmea, é se esquecer desta máxima: o destino de homens e mulheres é um.

Mas o que viria a ser a emancipação masculina? Não se trata do movimento dos frouxinhos contemporâneos, esses caras que usam saia para demandar o direito de sentir medo e de botar a namorada na frente do ladrão sem sentir vergonha pelo feito.

Uma emancipação masculina, à semelhança da feminina, partiria de uma análise de como a vida do homem se dá no mundo contemporâneo, e pela escolha de recusá-la. Por exemplo, um homem emancipado deveria ter o direito de recusar a paternidade oficial de uma criança. Fosse essa bandeira parte da praga politicamente correta, seria chamado de aborto social. "Social" é o adjetivo que, quando colocado ao lado de algo, declara que esse algo é "evoluído" e correto, tipo "sexo social" ou "nome social" (como quando você é homem, mas quer ser mulher, e exige que chamem você no trabalho ou na faculdade pelo nome feminino que escolheu, tipo, o cara nasceu Roberto, mas quer ser chamada de Tábata).

Outro exemplo de emancipação é, por exemplo, um desdobramento diferente para o filme sueco *Força maior*. Nesse filme, diante de um suposto risco de avalanche, o marido e pai de duas crianças sai na frente e corre da avalanche, deixando a esposa e os dois filhos para trás. Diante da contínua acusação implícita de covardia e egoísmo feita pela esposa, o marido acaba por se humilhar, reconhecendo que é um merda (comum nos filmes contemporâneos) e, por fim, é "salvo" do ridículo por ela (não vou contar o final). Um homem emancipado diria apenas que tem o direito de pensar em si mesmo antes dos outros e que não deve se submeter à cobrança de ser corajoso e cuidar de sua família, assim como, para a emancipação feminina, uma mulher que deixa seus filhos em nome de outro amor ou da vida profissional é vista como alguém que se libertou da opressão.

Resumo da ópera: a emancipação masculina passaria pela identificação de em que ponto o homem se sente "oprimido". Provavelmente, a acusação cairia sobre a família, o patriarcalismo (que é um peso para o homem, só não sabe disso quem não é homem) e a esposa. Assim como, no caso da mulher, a emancipação masculina seria um grito de ódio aos vínculos afetivos baseados no compromisso contínuo. O mundo chegará lá porque um dia os melhores homens, aqueles que ainda se preocupam com suas mulheres e filhos, perceberão que não recebem nenhuma reverência maior por isso. E, além de tudo, sexo e mulher (principalmente, mais jovem) nunca faltaram para quem tem grana para gastar e não tem uma alma exigente.

Das contradições do mundo adulto

O politicamente correto é uma forma de retardo mental, além de tudo o mais de ruim que é. A vida adulta é, antes de tudo, um mundo incerto. Regras são solúveis em água, assim como fórmulas traem a infantilidade de quem crê nelas. Todo o universo imaginado pela criança (e o jovem é mantido nessa condição de criança quando é levado a crer em suas utopias motivadas por formas primitivas de ressentimento com a inconsistência inevitável dos pais) se despedaça com o surgimento do mundo adulto e seus tons de cinza. Imagino que meninas medievais entendiam isso muito mais rápido do que as nossas de hoje, e de forma clara e distinta, quando chegavam à idade adulta, aos catorze anos. Hoje, a idade adulta precisa ser esclarecida por um profissional em maturidade. Teses de doutorado são escritas para responder à difícil questão: "O que é ser um adulto?". Antes a maturidade vinha com o sangue escorrendo pelas pernas das meninas e o poder de engravidá-las por parte dos meninos. Hoje, o mundo adulto é uma selva de contradições insuperáveis. Quanto mais escrevemos teorias sobre a maturidade, mais nebulosa ela fica aos nossos olhos. Queremos o que não queremos, sonhamos com o que nos causa pesadelos, desejamos o que nos mata. O mundo correto é um mundo sem sangue e sem dor, por isso mesmo é um mundo de cadáveres. Ser adulto é saber que não se tem controle da realidade, apesar de, a cada dia, ser necessário buscar esse controle, sempre efêmero. Não ter controle da realidade é ver-se escorrer pelos dedos. Não existe fórmula para resolver essas contradições e, à medida que as tradições vão se apagando, a cegueira na lida com essas contradições se instala de modo pleno. Essa cegueira se crê visão porque delira com uma realidade perfeita criada por seus próprios olhos.

Quando o politicamente correto discute se devemos ou não deixar as meninas verem *A Bela Adormecida* ser despertada pelo beijo de um príncipe, e conclui pela condenação desse beijo na cama porque seria fazer dessa menina uma dependente do homem (ignorando tudo o que o Freud nos ensinou sobre a sexualidade infantil), percebemos como a fantasia é um terreno estranho para esses puritanos das políticas do sexo. Não entendem que a menina que sonha com o príncipe que a beija enquanto dorme é aquela que (como bem entendem aqueles que ouviram essa história no passado) sabe que ele beijará sua boca, depois seus seios, depois suas pernas, depois seu sexo – com a respiração curta, o coração acelerado – o dela úmido, o dele ereto. Com a boca seca e as pernas molhadas, a menina anseia pela penetração de seu corpo e pela submissão de seu espírito.

Meninas torturadas

Cuidado. Preste atenção se na escola da sua filha ela não está sendo ensinada a detestar os meninos em nome do ódio de alguns poucos pelo amor entre homens e mulheres. O número de meninas que chegam à universidade contaminadas pelo rancor contra os meninos é cada vez maior. Isso deve ser posto na conta das escolas. Verifique a da sua filha.

Representações politicamente corretas do homem: escolas contra os meninos

Um fenômeno comum em nossa época é a crítica aos meninos como meninos e a demonização do seu universo no discurso de muitas escolas. Sob o manto da justa preocupação com a violência contra as mulheres (que tende a aumentar quando o discurso politicamente correto faz do homem que não é frouxinho um monstro), destrói-se o imaginário dos meninos, fazendo deles culpados a priori, esquecendo-se de que as relações de afeto implicam certos riscos (como da nossa devassa que descrevi na abertura deste livro e que é a inspiração máxima destes aforismos imorais, porque toda mulher que importa de fato é uma indecente de alma). O desdobramento dessa demonização dos meninos que agora devem, para serem redimidos de sua condição de demônios, procurar parecer meninas, é a solidão de ambos os sexos e a construção de novas formas de puritanismo. As ciências ditas humanas gozam na demonização dos meninos. Mas, como a pedagogia é uma das "ciências" em que menos devemos confiar hoje em dia, as escolas não têm muito o que fazer enquanto acreditarem nela.

Educação sexual e *bullying*

Aulas sobre sexualidade em escolas deveriam ser objeto de muito cuidado por parte dos pais (claro, caso os pais não sejam o elemento mais bobo da equação, como no caso de estrelas de Hollywood que vestem os filhos de nada para mostrar como são *cool*). Por quê? Porque quem disse que podemos confiar cegamente em quem decidiu dar aula de sexualidade para as crianças? E não me refiro à suspeita de taras sexuais por parte desses professores. Acho que suas principais taras são ideológicas. Querem fazer a cabeça das crianças com suas bobagens.

A motivação pode ser a mais variada, desde a intenção de combater preconceitos contra gays (o que é válido) até pequenas taras ideológicas escondidas por trás dos professores. Não entendo a razão de desconfiar de padres com criancinhas e não desconfiar de gente que decidiu passar o dia ensinando crianças a conhecer o sexo ou o gênero, o que é cada vez mais comum. Mas a principal razão, suspeito, é simplesmente a motivação ideológica de falar para as crianças o que eles, professores, acham que seja certo em matéria de sexo. Nelson Rodrigues já suspeitava das aulas de educação sexual, e isso porque ele não chegou a ver gente que pretende dizer aos alunos que meninos que agem como meninos são machistas e meninas que gostam de meninos são oprimidas.

Ensinar às crianças que não devemos fazer *bullying* com colegas em sala de aula é uma coisa boa. Ensinar aos meninos que eles são opressores das meninas é, talvez, uma das piores formas de *bullying* que já existiram na face da Terra. E não vejo nenhuma educadora dizer que esses professores estão fazendo *bullying* com seus alunos quando os fazem se sentirem culpados porque são meninos.

Filhos como experimento dos pais

Há muito tempo surgiram pais com "visão" de como os filhos devem ser. Socorro! Nada pior para uma criança que um pai ou mãe que quer ser original. É melhor perguntar para o homem ou para a mulher da Pré-história sobre como educar seus filhos do que para a pedagoga com a última moda em estudos educacionais (sendo os estudos de gênero parte da modinha geral). Mas a escola não é o único problema em termos de gente politicamente correta em sexo. Alguns pais também são um escândalo. E aqui pais artistas (e que por isso se julgam muito avançados e de cabeça aberta) parecem ser os mais perigosos. Estrelas de Hollywood parecem especialistas em vestirem seus filhos com roupas "neutras" para que "escolham o gênero", livres de pressão social e preconceito. Aqui vemos até onde vai o efeito de teóricos mal-amados sobre o futuro de crianças que não podem se defender de pais bobos que acreditam nesses teóricos mal-amados. Cheios de artigos em periódicos "científicos" afirmando que não existe sexo na humanidade, esses mal-amados acabam por impactar a fé de inteligentinhos de grande influência na mídia, e o resultado é isto: crianças que crescem vestidas de nada. A experimentação com filhos começou nos anos 1960 e atualmente voltou à moda. Pior do que pais que acreditam que filhos só devem comer rúcula ou comida sem gosto é essa gente que assume que, por conta do último artigo numa revista descolada, deve passar a submeter seus filhos a esses especialistas em nada. Casos como esse serão vistos por nossos descendentes como prova do ridículo de uma cultura em decadência. Essa percepção nada tem a ver com sexismo (termo novo pra descrever qualquer coisa que não esteja na cartilha desses taradinhos teóricos), até mesmo a crítica americana Camille Paglia suspeita disso: a ideia de que haja uma total indeterminação de sexo na humanidade parece uma festa de liberdade, mas mostra apenas o nível do ridículo a que chegou parte das ciências humanas. A "neutralidade sexual" é uma manifestação de uma vida cheia de nada.

Minitravesti

Que a pedagogia é um dos ramos do saber em que menos devemos confiar nos últimos anos é sabido por qualquer um. Vejam: uma das últimas novidades das escolas que torturam meninos (e meninas também, porque reprimir meninos é reprimir meninas, apesar de que hoje em dia queiram dizer que homens e mulheres não são seres interdependentes) é o dia em que meninos devem ir vestidos de meninas e meninas vestidas de meninos. A pergunta é: para quê? E por quê? Para nada, apenas para satisfazer as bobagens teóricas que animam grande parte da pedagogia nos últimos tempos.

Imagino que a ideia venha da cabeça de algum funcionário de gênero que quer deixar meninos e meninas mais confusos do que já estão nesse "mundo balada". Devem pensar que assim acabarão com os preconceitos. Não, vão piorá-los. E também a violência vai piorar, porque todas as práticas politicamente corretas são exatamente o que pretendem combater: violência simbólica. Pedagogos e professores não têm o direito de obrigar crianças a vestir roupas de outro sexo. Como os teóricos e burocratas da educação agora são tão bobos quanto muitos dos professores, não percebem o absurdo que é fazer dos alunos minitravestis. E por que os pais não fazem nada? Porque estão tão contaminados pelas bobagens de gênero que acabam por pensar que se acharem estranho seu filho ir de saia e batom para escola o problema está neles, pais, e não nos professores, que, em vez de ensinar as capitais dos estados e dos países para os alunos, querem fazer todas as crianças "neutras" em sexo. Não se combate preconceito com violência contra o sentimento de identidade de uma criança. Dias como estes (dedicados à agressão infantil) são fruto diretamente do politicamente correto se metendo na vida sexual dos outros. Até quando as pessoas vão ser idiotas o bastante para não perceberem que não podem confiar em tudo que dizem ser "educador"? Com o advento da pedagogia "progressista", ninguém mais sabe o que faz nas escolas (em grande parte delas, pelo menos). Mas a "vantagem" dessas ideias "progressistas" é que, normalmente, os professores não precisam estudar muito para dar suas aulas. Basta, por exemplo, mandar as crianças irem vestidas de minitravestis.

Novelas da TV

Uma das ferramentas de mídia e conteúdo que mais revelam o efeito negativo do politicamente correto é a pregação gay nas novelas. Nada contra o amor nas suas mais variadas formas. Só idiotas acham que podem massacrar pessoas que têm uma afetividade diferente da deles porque desejam objetos/sujeitos eróticos do mesmo sexo. Mas isso não justifica o fato de que o universo de criadores de conteúdo para audiovisual seja alienado com relação ao mundo em que vive, causando, muitas vezes, mais reação negativa do que positiva. Obrigar a classe média a ver duas senhoras se beijando, e achar que isso "educa" a afetividade das pessoas, não só é errado como é autoritário. Gente que trabalha e se ferra todo dia não precisa ser objeto de pregação quando quer relaxar na frente da TV. Só gente chata não entende que militância na hora do lazer é falta de educação. O politicamente correto, mais uma vez, se mostra não apenas autoritário, mas também estúpido na sua insistência em dizer como as pessoas devem agir quando chegam em casa à noite depois de um dia infernal de trabalho. Os produtores de conteúdo, aliás, como quase todo mundo que trabalha com cultura, são vítimas da patrulha ideológica correta. Poucos têm coragem de enfrentar a censura correta.

Pais idiotas e mães sábias nas séries de TV

É comum dizerem que a TV e o cinema mostravam homens poderosos e mulheres incapazes. Duvido. Não me lembro disso. Qualquer homem sabe que a mulher que balançava seu berço tinha um poder enorme sobre ele, e a mulher que abria as pernas para ele tinha poder ainda maior. E a que colocava seu sexo na boca detinha sua vida entre sua língua e seus dentes. Para o bem e para o mal. Mas hoje, como o sexo perdeu o lugar para o "gênero" – uma invenção de gente que não transita pelo desejo pelo outro sexo –, o mundo do desejo entre homens e mulheres está em extinção. Toda doença maligna se mostra primeiro no espírito e depois no corpo. Agora, pais são sempre relatados como idiotas e mães como sábias absolutas, para acompanhar os filmes românticos em que homens são sempre mentirosos contumazes e mulheres são seres em busca de uma verdade pura em seus relacionamentos. O absurdo está não só na estereotipia, mas também no fato de que não existem seres humanos que vivam na esfera da verdade pura.

Tanto essas séries de TV quanto esses filmes românticos pensam colaborar para a melhora das relações entre homens e mulheres, mas, na verdade, apenas sustentam a inviabilidade dessas relações. Uma mente paranoica suspeitaria de algum plano maligno para fazer de todos assexuados. Mas não sou daqueles que veem conspirações em toda parte, suspeito mais do velho ressentimento daqueles que não suportam ver um homem e uma mulher felizes porque não habitam o mesmo planeta que eles e não entendem como um pode ser louco pelo outro e trocar fluidos imundos.

Censura

Sabemos que no tempo da ditadura vivemos sob censura, não só política como moral (filmes de sexo, as pornochanchadas eram censuradas com frequência). Mas o fenômeno da censura não é tão óbvio assim. Nas democracias de mercado, o consumidor, e sua cabecinha, muitas vezes funciona como censura, principalmente na era em que a interatividade com o receptor da informação a transformou numa ferramenta de audiência muito "científica". Ofender o receptor é, muitas vezes, pior do que ofender inquisidores medievais, principalmente porque aqueles (os receptores ofendidos da informação) sempre vêm em multidões.

Recentemente, ouvi falar de um professor que disse aos seus alunos que no caso do assassinato dos cartunistas da revista francesa *Charlie Hebdo* havia uma certa culpa dos próprios cartunistas, na medida em que não levaram em conta o fato de que o "papel da imprensa é trabalhar para a integração social e combater os conflitos culturais". Ridículo, não? Principalmente quando essa fala vem regada pela ideia de defesa da democracia, coisa que qualquer idiota sabe fazer.

O que isso tem a ver com sexo correto? Nada. Mas nos lembra como a censura, às vezes, muda de lugar, e espíritos grosseiros permanecem presos à face histórica da censura e não percebem quando esta assumiu outras personalidades. A principal censura hoje vem do politicamente correto e seus idiotas do bem. Com certeza, daqui a alguns anos, será proibido fazer uma cena num filme em que a mulher esteja de quatro no sexo, por conta da suposta falocracia opressora. Por isso, minha devassa da abertura destes aforismos reclama das chatinhas que pouco entendem de seu desejo sexual. Sade hoje em dia seria processado por sexismo. Provavelmente, o politicamente correto destruirá toda forma de representação da mulher em que ela não seja encarnada no corpo de uma histérica e do homem que não for apresentado como um castrado psíquico, para garantir que seja inofensivo. Confundindo os idiotas que batem em mulher com homens que desejam mulheres, o politicamente correto nos levará à higienização do desejo.

Puritanismo político

Já disse e escrevi várias vezes que o feminismo não entende nada de mulher. Mas acho que há um traço ainda mais sério na mentalidade politicamente correta em sexo: o retorno da mentalidade puritana. Essa mentalidade se constitui, como se sabe, numa repressão moral baseada na crença de que a natureza humana seria pecadora, ou seja, escrava de um desejo desenfreado pelo sexo, conhecido no meio teológico mais técnico como "concupiscência *carnalis*". Vítima desse desejo doentio, o homem não resistiria ao charme feminino e ao cheiro de fêmea. Afora a metafísica contida numa ideia como essa, cabe lembrar que, com ou sem ela (refiro-me à metafísica), o homem que gosta de mulher é espécime vivo que comprova a consequência dessa concupiscência, assim como a mulher que gosta de homem também o é (e também todos os homossexuais, porque o desejo sexual submete a todos de modo democrático e absoluto). O puritanismo "correto" atual é de natureza política, e não moral. Caracteriza-se por reprimir a sexualidade feminina a partir da ideia de que uma mulher "livre" não se submete ao homem. E, quando o faz, ela faz por ter caído de volta na condição de suas avós, infelizes oprimidas. A marca desse puritanismo político é não entender que o desejo é sempre uma submissão a quem se deseja. As avós abriam as pernas mais livremente do que suas netas "livres". O puritanismo político nega de forma absoluta o desejo e faz aquela que se recusa a aceitá-lo sentir-se uma idiota. A ignorância presente nessa forma de puritanismo é maior do que a forma cristã clássica de repressão moral, porque se articula como leis que quase criminalizam a cama suja de todo casal real. A limpeza moral que o puritanismo político prega revela sua condição maior de repressão no sexo. Talvez o dano seja irreparável, porque o medo que essa forma contemporânea de puritanismo gera é mais concreto do que metafísico, já que não se faz necessário crer no pecado, basta um advogado para destruir o desejo.

Pureza de gênero

Os departamentos universitários que estudam sexualidade (ou gênero) têm novas exigências de pureza para seus pesquisadores. Além do fato de que, para esses estudos de gênero, homens e mulheres não existem em si, mas são criações de uma sociedade patriarcal opressora (frases como essa dão sono para quem passou da idade infantil), a universidade, transformada plenamente em instância totalitária, agora exige cada vez mais pureza de gênero para seus pesquisadores. Sabe-se há muito tempo que os estudos de sexualidade nas universidades eram privilégio de mulheres (normalmente sem muito sucesso afetivo estável) e gays. Agora isso não basta. Se você quiser provar sua lealdade ao partido de gênero deve ser no mínimo transexual, melhor se for transgênero. Se for gay, deve fazer algum tipo de intervenção que transforme você num transexual feminino para garantir que não é um gay reacionário. Se for mulher, já não basta essa condição porque você pode ser heterossexual, e, portanto, uma colaboracionista que deseja o opressor. Melhor se for lésbica. O caráter perverso e totalitário é evidente, mas, antes de tudo, o ridículo salta aos olhos de qualquer pessoa razoável. Como essa gente pode se dizer parte da comunidade de conhecimento?

A pergunta óbvia é: por que determinadas pessoas, que têm que trabalhar sua sexualidade de maneira diferente da esmagadora maioria (e tudo bem que sejam diferentes), para viver bem com sua sorte, têm o direito de inventar uma falsa "ciência social" irrelevante para a qual essa esmagadora maioria deva prestar louvor? Afirmar os justos direitos que os homossexuais têm a viver em paz não implica as bobagens da pureza de gênero. O pior disso é que, lentamente, as escolas nas quais as crianças são educadas tombam sob o peso desse absurdo. Nada que dez minutos de Pré-história não curassem.

O problema das amigas heterossexuais

A crítica de arte e literatura americana Camille Paglia costuma dizer que suas amigas heterossexuais esqueceram que homens não são mulheres, por culpa do que o feminismo se tornou com o passar dos anos e de seu ódio ao homem. Camille Paglia critica o feminismo do alto de sua condição de lésbica (ou transgênero, como ela mesma diz e que está mais na moda falar, apesar de os especialistas dizerem que não são a mesma coisa): nesses assuntos de sexo correto, quanto menos hétero, melhor para você, e quanto mais hétero, pior, porque maior é a suspeita contra você. Como tudo que é fascista e puritano, o politicamente correto opera a partir da presunção da pureza ideológica como critério de justificação moral e intelectual. Dito de forma simples: héteros não são dignos de confiança para os corretinhos do sexo. Por isso, como Paglia é gay, ela pode dizer o que todos nós sabemos: as histéricas das políticas do sexo complicam muito a vida afetiva entre homens e mulheres, enchendo os dois com suas paranoias de mulheres que só conhecem homens ruins. O resultado da emancipação feminina (necessária em vários planos da vida, sem dúvida) "em casa e na cama" é que as mulheres não conseguem mais enxergar o homem como um diferente dela com direito a essa diferença. Tudo que ele quer é machismo, tudo que ela quer é "direito". As mulheres levam para casa a competitividade dos escritórios, instaurando o reino da vida sem afeto com seus parceiros. E exigem deles uma mente feminina que goste de falar de si mesmo o tempo todo, a famosa "DR", discutir a relação. Como em todos os casos em que as políticas corretas do sexo aparecem, o resultado é uma cama vazia, com mulheres fingindo que são livres e alegres, quando mal conseguem ser vadias de fato. Uma vadia de fato (e não a v@dia do feminismo) é uma mulher sem rancor e acolhedora. Para o homem, a sorte é que a garota de programa continua sendo uma doce profissional da solidão e da generosidade.

Aprendendo a superar preconceitos

Imagine você conversando com uma gostosa de uns vinte anos. Agora, imagine que ela conta para você em tom desafiador que tem uma namorada, e não um namorado. Por ela ser uma gostosa, você pensa logo no desperdício e, em seguida, imagina como seria lindo estar com as duas numa cama larga. Mas, como o mundo deve ser um lugar civilizado e, portanto, um espaço no qual aprendemos a atuar dentro dos limites sociais da hipocrisia, mesmo que no fundo estejamos em choque, a única coisa que você deve dizer é "legal, vocês estão juntas há quanto tempo?" – ou seja, você deve agir como se aquela confissão fosse na realidade algo banal como ela dizer que namora um corintiano. Na verdade, estranho é o tom desafiador. Afinal, a quem interessa se uma linda dorme com homens ou mulheres, a não ser a ela mesma, a sua parceira e a preconceituosos idiotas? Para mim, homossexuais devem ter o mesmo "direito à (in)felicidade" de todo mundo. O desejo de normalização de sua condição é algo saudável nas pessoas. Por isso, sempre fui a favor do casamento gay. Mas, quando você estiver numa situação como essa, aja de modo normal, sem nenhum susto, mesmo que se assuste. Hábitos *die hard*. De qualquer forma, ainda que entendendo o combate moral nesse assunto (parece-me um crime submeter os homens à castração química, como era feito na Inglaterra na primeira metade do século xx, só porque dormiam com outros homens), tendo a sentir um certo bode quando meninas ou meninos gays acham que declarar seu desejo sexual homo significa um salto enorme para a humanidade, como o primeiro passo do homem na Lua. A ideia de que seja um ato político importante o simples fato de você, homem, gostar de outro homem, me parece algo muito entediante. Nada no sexo pode ter significado político, a não ser que quem pensa isso seja um chato. Por exemplo, a exposição dos seios femininos como ato de rebeldia hoje me parece tão boba quanto foi, nos anos 1960, algumas pessoas não tomarem banho como forma de revolução. Aliás, a palavra "revolução" já foi apropriada pelos recursos humanos das grandes corporações e pelo *branding*, isso significa que já ficou careta há muito tempo. Só "assusta" menininhas.

Outra coisa que valeria a pena dizer para essa gostosinha é que seria uma bênção deitar com ela e sua namorada linda.

Todo heterossexual é estuprador?

Estupro é uma praga ancestral e tem a ver com uma mistura de força física maior do homem e sua eterna e miserável insegurança diante de sua fêmea. É uma praga e deve ser combatida sem pena nem dó. Mas outra coisa é a afirmação de algumas chatinhas de que todo homem é estuprador. Teóricas da chamada *rape crisis*, ou seja, a epidemia ancestral de estupros, identificada agora com todo e qualquer ato sexual entre um homem e uma mulher, é a demonstração cabal para onde nos leva essa mania de políticas do sexo mantidas pelos *lobbies* daquelas que nunca tiveram sorte no amor e no sexo. Mulheres que fazem essa afirmação são semelhantes a homens que afirmam que toda mulher é vagabunda e não merece confiança. O fato de a mulher gostar do homem que a submete ao seu desejo (ao desejo dela por ele, antes de tudo) e a faz desejar ser penetrada e possuída é absolutamente desconhecido por essas puritanas modernas, que arrastam seu rastro de solidão, ódio e histeria pelo mundo afora.

Escolha sexual

Não existe escolha sexual. Como dizia Freud, anatomia é destino. Você pode não se identificar com sua anatomia e percorrer o caminho necessário para viver com isso da melhor forma possível (e a sociedade deve ajudar você nessa tarefa, antes de tudo ensinando aos estúpidos que as pessoas podem viver a sexualidade como quiserem). Evidente que componentes culturais formam as representações tanto dos homens quanto das mulheres, mas dizer que alguém pode ser gay na segunda e hétero na terça, como se pode escolher entre ser católico ou budista (e olhe lá...), é puro desespero com sua desidentificação anatômica. Não se escolhe orientação sexual, assim como não se escolhe a carta do baralho quando se pega uma no meio do jogo, a menos que você queira roubar, como fazem aqueles que dizem que existe escolha sexual.

Ampliação das opções sexuais

Os corretinhos querem dizer que quem os critica o faz porque é "fascista". Mentira. Os corretos é que são fascistas com suas cobranças de pureza ideológica ou de gênero. Sempre existiu na humanidade uma minoria que vivia sua sexualidade fora dos padrões da maioria. Às vezes com mais liberdade, às vezes com menos. Em nossa época, graças à liberdade de mercado que reconheceu nos gays uma força econômica fundamental, melhoramos a condição de normalização social dos gays. Mas isso nada tem a ver com afirmar que toda a humanidade é "neutra" ou polissexual, ou que a sexualidade é algo tão artificial quanto a escolha dos feriados num calendário. As políticas do sexo apenas aumentam o ressentimento ao tentar negar a díade macho-fêmea. Atrapalham a vida de todos, inclusive a dos gays, mentindo sobre os determinantes da vida sexual.

"Cissexual"

Imagino que o leitor (que espero não ser um frouxinho contemporâneo de saia) e a leitora (que espero ser uma linda) se pergunte que diabos é cissexual e onde ele se perdeu na divisão dos sexos entre humanos. Calma, explico.

Antes lembre que "cis" quer dizer aquele que não atravessa para o outro lado, e "trans", aquele que o faz. Exemplo: Cisjordânia é a região em Israel que fica do lado de cá do rio Jordão, e Transjordânia (como era o nome antigo do país Jordânia) é a região que fica do lado de lá do rio Jordão. Dito isso, voltemos ao ridículo "cissexual".

O termo, criado pelas políticas corretas do sexo, deve, segundo eles esperam, substituir a palavra heterossexual em algum tempo. A ideia é que, assim como existe o transexual, ou seja, aquele ou aquela que "atravessa" a norma e "vira" outro sexo (não vou fazer as diferenças que os corretinhos autoritários querem que façamos entre gay, lésbica, transexual e transgênero, para contemplar suas taras autoritárias), sendo assim um "revolucionário de gênero" (risadas?), o cissexual é aquele que permanece do lado de cá da norma, ou seja, o conservador incapaz de "escolher" livremente seu sexo (ou gênero, como fala essa moça corretinha). O pressuposto de base é que todo heterossexual é um conservador inimigo da liberdade e submetido à norma autoritária do patriarcalismo. Portanto, a rigor, deve ser superado ao longo da revolução de gênero. Como diz a própria Camille Paglia, ainda que seja bem-vinda a liberdade para aqueles que sofrem por terem de ser o que não querem ser (por exemplo, gays terem que gostar de mulheres quando não conseguem – digo "não conseguem" para frisar que não se trata de uma escolha sexual), a ideia de humanidade sem homens e mulheres bem definidos é um sinal de decadência da cultura. A palavra "decadência" é forte. Ela, gay, pode usá-la; eu, homem hétero (ou "cis"), se usar, serei acusado de machista. Mas o fato é que a ideia de que não existam homens e mulheres na humanidade e que a heterossexualidade, majoritária, não seja a norma, é mesmo uma viagem de quem se sente mal por ser diferente. Em vez de viver sua diferença, esses corretinhos querem negar que os outros, a imensa maioria, sejam diferentes deles. Coisa de gente mal resolvida. O gay de bem com a vida é alguém que aceita o fato de haver pessoas, a maioria, que são diferentes dele. Simples assim.

Histeria como laço social

A histeria é um quadro clínico descrito na época de Freud como sendo muito comum em mulheres, mas também podendo ocorrer em homens. Muito se disse sobre a histeria ser típica de uma sociedade em que o sexo era vedado às mulheres – a tal da repressão sexual no sentido político. Acho engraçada nossa ideia contemporânea de que as mulheres só passaram a gozar depois dos anos 1960. Sempre suspeito que elas passaram a fingir mais a partir dessa época, e não mais apenas para os homens, mas para si mesmas, principalmente. Inclusive a fingir que gostam de sexo. A histérica é aquela (ou aquele) que mente sobre sua dor, diz que não existe essa dor e culpa um terceiro por ela, principalmente se tiver tesão por ele. É aquela que mente sobre o que quer, mesmo se indagada sobre essa mentira. É aquela que no fundo não sabe o que quer. Quando lhe é oferecido o suposto objeto de seu desejo, ela diz "ahh, não quero mais", ou "não é isso que eu queria", ou "o dele é maior". Por isso, o efeito de um presente caro passa rápido. O desejo histérico é insaciável. Por esse motivo, durante tanto tempo, do ponto de vista masculino, a mulher foi vista como a histérica por excelência (mesmo quando os caras não sabem o que o adjetivo "histérica" significa): porque todo mundo que tenta satisfazer uma mulher sabe que vai perder a batalha.

Acusar uma mulher de ser histérica é querer apanhar, porque significa desnudar o coração de seu tédio. No mínimo, ela vai tirar sarro de você. "Histérica" não quer dizer que ela vai sair gritando e puxando os cabelos, como se entende no senso comum, mas que ela está sempre à beira do tédio, porque nada a satisfaz. E nem por isso ela pode confessar seu tédio.

A histeria se tornou laço social justamente porque a sexualidade histérica da mulher não pode ser enunciada, do contrário, você será acusado de ser politicamente incorreto. Temos de fingir que não existe histeria, mesmo que ela berre nos nossos ouvidos atrás do manto do desejo sempre insatisfeito de cada mulher. A negação disso é dizer que a histeria era política e que, uma vez a mulher emancipada da repressão política do sexo, o tédio feminino deixaria de existir. Doce ilusão. De novo: basta querer satisfazer uma mulher cotidianamente para ver que a histeria nunca foi tão presente. E qualquer analista que não seja mentiroso (hoje, quase todos o são) saberá que é da natureza da histérica viver seu tédio de forma velada. Senão, não seria histérica. Portanto, é a própria politização do sexo (o véu sobre o sintoma histérico) que se constitui no sintoma central da histeria no mundo contemporâneo. A mulher continua sonhando com um cara que a banque, mas as políticas do sexo, forma sofisticada de histeria, mentem sobre isso. Os sintomas só se multiplicam quando optamos pelo laço social histérico e seu discurso sobre como agora está tudo bem porque as meninas querem pagar sua conta do jantar.

Quem paga a conta do jantar?

Uma das grandes mentiras do mundo correto é a questão sobre quem paga a conta do jantar. É comum hoje, se você for a um restaurante descolado, o garçom, ao trazer a conta, se espantar quando o homem paga a parte da mulher. "Sinais da evolução na relação entre os gêneros", afirmam aquelas que dificilmente conseguem alguém que queira pagar o jantar pra elas. A verdade é que as mulheres continuam, quando interessadas no cara (claro, tem homens que enterram qualquer time num jantar, antes de tudo falando mais do que a mulher, e a mulher sempre quer falar mais do que o cara), querendo que ele pague a conta. Pagar a conta é um ato erótico. A recusa de que o homem pague a conta é a negação objetiva de qualquer expectativa de erotismo numa relação: se ela recusar terminantemente que você pague a conta, esqueça, cara. Quando ela está a fim, o jantar é o movimento imediatamente anterior ao beijo na boca e a mão entre as pernas.

Há algum tempo, uma amiga me disse que o famoso código entre homem e mulher com relação a quem paga a conta do jantar permanecia sendo usado, apesar de fortes críticas por parte de algumas jovens que, como quase todo jovem, não entendem muito de como o mundo se organiza, para além das baladas, centros acadêmicos e seus quartos desarrumados. Esse código, para quem não lembrar, é o seguinte (vou repetir para quem não entendeu): se a mulher não quer dar esperança ao cara, divide a conta; se ela quer, aceita que ele pague. Simples assim. É verdade que hoje está na moda aceitar o argumento histérico segundo o qual deixar que o cara pague a conta para você é um ato de dependência. Risadas? Triste fim de um mundo em que até nisso se mente para se parecer correto ao caráter mal-amado da histérica.

Devemos voltar a Freud quando discutirmos a conta de um jantar? Claro que não. Resista aos chatos e às chatinhas que querem mandar até num código simples como esse. Deixar que o cara pague a conta tem também a vantagem de você testar o fôlego do sujeito que tem diante de si.

O politicamente correto *gourmet*

Ainda algumas últimas palavras: o homem politicamente correto *gourmet* é aquele que cozinha para dizer que não é machista. Na maioria das vezes, como diz um amigo meu: cuidado, mulher, se um deles te convidar para jantar na casa dele. O mais provável é que ele fique muito preocupado com sua pasta siciliana e esqueça de te comer. Afinal, se uma mulher aceita jantar na casa de um homem, é porque ela quer ser o prato principal. Melhor tomar vinho entre as pernas dela do que cuidar do macarrão. Mas a "consciência *gourmet*" tem outras prioridades.

A nova fronteira

A nova fronteira da discussão sobre sexualidade deve ser a fala do homem heterossexual. Claro que homens são conhecidos por não terem muito saco para discutir coisas assim. Mas, diante do acúmulo de absurdos que assolam as salas de aula, a mídia, a produção cultural e artística, além, claro, das pautas políticas, é chegada a hora de dar a palavra ao mudo. Se isso não for feito logo, temo que, em breve, quando os homens começarem a falar, serão apenas os coitadinhos, inseguros, que tomarão a palavra. Um dos maiores danos do politicamente correto no sexo é a criação de uma grande camada de ignorância sobre essa fina e invisível rede de afetos ancestrais entre o homem e a mulher. Como sempre digo, devemos ficar atentos ao fato de que aqueles que mais falam disso são gays ou mal-amadas, ou pelo menos mulheres com uma visão restrita e deturpada do homem e de sua vida afetiva. A mulher ideal para falar disso é a que acabou de gozar e está fumando um cigarro sem culpa.

Mulheres obsoletas?

As mulheres ficaram obsoletas? Claro que não. Mas, então, o que o título acima quer dizer?

Quer dizer que, à medida que algumas mulheres assimilam como óbvio o discurso chatinho das odiadoras de homens, algumas delas correm o risco de parecer obsoletas.

Por que um homem deseja uma mulher? Por muitos motivos. Afeto, parceria, sexo, para ter filhos, sei lá. À medida que muitas mulheres tornaram a relação com o homem uma batalha por "direitos" que só elas têm (porque qualquer coisa que o homem fale é "machismo"), a vida se tornou mais difícil. E, se lembrarmos que a humanidade, desde que entrou na revolução agrícola, só assimilou bens materiais e neuroses, perceberemos que muitas novidades em comportamento nem sempre aliviam a vida cotidiana.

Filhos, muitos homens e mulheres não querem mais ter. E, quando o homem conseguir o direito ao "aborto social" (negar a paternidade de um feto ainda na barriga da mulher), o golpe da barriga deixará de existir.

Com a emancipação feminina, a necessidade de muitos homens de cuidar e sustentar uma mulher por amor perdeu o sentido e a conveniência (e eles ainda se livram da suspeita de serem opressores porque serão indiferentes ao destino delas).

Parceria pode-se ter com alguém de quem você não precise pagar as contas por anos nem atender às suas demandas cotidianas. Sexo? Ficou ainda mais fácil porque, além das sagradas e santas garotas de programa (um dos últimos tipos generosos no mundo), as meninas superpoderosas bancam suas próprias vidas, então nem jantarzinho é necessário para levá-las para a cama. Uma dona de casa, então, virou produto caro e obsoleto. Com as novas empresas que oferecem diaristas que você nem precisa se dar ao luxo de saber o nome, a vida de um homem solteiro está resolvida em grande parte. Comida pronta, restaurantes aos milhares, cursos de *gourmet* para encantar meninas que acham homens que cozinham liberados do "machismo", tudo isso ajuda o homem a chegar à conclusão de que a mulher, como objeto de investimento duradouro, é uma espécie em extinção por puro desuso. E, mesmo que o cara tenha um surto de vontade de ser pai, a ideia de que ninguém mais precisa de família para educar uma criança foi abraçada por todos os politicamente corretos do mundo. Uma barriga de uma amiga que não quer assumir filhos está sempre à mão. Só engravida uma mulher hoje quem é desavisado.

Se muitas mulheres já declaram a extinção do macho como agente essencial na vida delas, a extinção das mulheres como objeto de amor também deve acompanhar a extinção dos homens. Com o "avanço" das relações afetivas, todos ficaremos obsoletos para todos. O mercado suprirá nossas necessidades com profissionais de relacionamento pagos com Visa.

Aplicativos

Que Deus proteja os criadores de aplicativos de relacionamentos. Nunca foi tão fácil encontrar pessoas sozinhas e desesperadas por parceiros efêmeros e baratos. Reflexo típico de uma época em que os vínculos se tornaram caros demais para serem mantidos. O problema é que os usuários, seguindo a lógica da histeria como laço social, mentem sobre esse mesmo desespero que os torna consumidores exigentes de aplicativos, consumidores cada vez mais eficientes de bens para preencher o vazio do afeto contemporâneo.

O buraco da política

É comum dizerem que na psicanálise o homem é visto como um ser de falta. Em Lacan, essa falta dialoga com a metáfora do "buraco". Lacanianos gostam da imagem de que a política "deve ter um buraco", isto é, a política não pode ser um discurso que recubra a totalidade do mundo representado e representável. Nem a política, nem qualquer outro discurso, deve "tamponar o mundo", criando nele uma sombra que asfixia o mundo fora da representação. Palavras difíceis, como sempre em se tratando do psicanalista francês, mas nem tanto. O resumo da ópera é que não se deve dizer tudo nem querer dizer tudo. Parte do significado do mundo está "fora dele" e fora de nossa capacidade de dizê-lo. E tudo bem.

Entendo que, apesar de os lacanianos corretos adorarem dizer que se faz necessário uma "política com um buraco", no sentido de que o liberalismo econômico não é esta política (eu penso exatamente o contrário, penso que o socialismo está ainda mais distante dessa "política com um buraco", porque é mais utópico do que o liberalismo, mas isso não importa aqui), a política desde o final do século XVIII e a Revolução Francesa é justamente o discurso que pretende negar esse "buraco no mundo". Se um dia essa intenção foi da religião e da teologia da graça (uma vez que a graça é que redimiria o mundo), a partir da política sob a forma da teologia (ou seja, salvacionista), o discurso político se tornou hegemônico como expectativa de negar o "buraco no mundo". E sexo é, muitas vezes, o nome desse "buraco", inclusive naquilo que ele tem de dolorido e *debordé* (exagerado e sem limite). O politicamente correto é a negação desse "buraco no mundo e no sexo", tentando tamponá-lo com uma fala que reprime o abismo que todo buraco traz em si. Não por outra razão, o sexo correto é indolor. Sua tentativa é de negar a existência do intratável na vida sexual, como se Freud nunca tivesse existido.

Não há crimes no paraíso

Vivemos num mundo em que mesmo que sua mulher (ou seu marido) dê um pé na sua bunda, você vai ouvir muita gente dizer que você deve respeitar quem te ferrou. Engraçado esse mundo em que "buracos" nos afetos são reprimidos em nome de um comportamento que quer reafirmar que tudo pode ser dialogado. A negação (*denial*) contínua de nossos afetos tristes é recusada em nome de uma população de anões sentimentais. Não! Imagino que a última coisa que queira alguém que teve sua bunda chutada para fora de casa seja respeitar a bota que lhe acertou em cheio. Pelo contrário, a raiva é o saudável nessa situação. O ódio, o desejo de vingança, o gosto amargo na boca podem ser a última coisa que resta numa hora dessas. Até o sofrimento será incorreto num mundo dominado pela negação da tristeza mais profunda. Não é por acaso que o politicamente correto é neto de Marx e de Stalin. Como eles, essa praga é um amante de paraísos onde "crimes" ("buracos") não existem.

Epílogo: uma entrevista na Pré-história

Mulheres grávidas (normalmente com doze ou treze anos de idade) sozinhas morriam na Pré-história. No futuro, provavelmente, o mal será outro: dificuldade de achar alguém que queira engravidar uma mulher. De lá pra cá, a coisa melhorou muito em termos médicos, mas daqui para o futuro é possível que piore muito em termos de afeto. Muito se fez para resolver os problemas dos afetos e eliminar a "opressão" dos relacionamentos, mas o resultado, talvez, tenha sido a elevação do tédio. A verdade é que, para muitos homens, as mulheres se tornaram obsoletas quando começaram a determinar que homens que não fossem iguais a elas eram ultrapassados. Sexo e casa arrumada não precisam vir acompanhados por demandas femininas infinitas, que hoje nem podem ser enunciadas, devido ao contrato social baseado na histeria (e toda histeria é uma mentira que encobre um sofrimento). Esse contrato histérico nega o fato óbvio de que o desejo feminino é sempre insatisfeito, um verdadeiro "buraco".

Talvez, se entrevistássemos homens e mulheres da Pré-história, eles não ficassem tão desejosos de viver entre nós. Imagine um programa de entrevistas na TV com *homo sapiens sapiens* (nós) há 50 mil anos. Agora, imagine que o objetivo fosse convencê-los de que hoje o mundo é melhor em termos de relações entre homem e mulher. Sigamos um pouco a intuição de

Geoffrey Miller, autor do livro *Darwin vai às compras*. Ele imagina uma conversa com neandertais (que desapareceram definitivamente cerca de 30 mil anos atrás) e sua intenção é discutir o consumismo no mundo contemporâneo. A minha é ver se o mundo melhorou para quem quer investir em vínculos baseados na mútua responsabilidade e carinho entre os dois sexos.

O que você responderia se um homem desses *sapiens* perguntasse o seguinte:

Homem *sapiens* de 50 mil anos atrás: "Se eu me dedicar à minha mulher e aos meus filhos, serei recompensado em termos de respeito, reconhecimento, amor e fidelidade? Quando chegar em casa eles estarão felizes por minha chegada e verão nisso a certeza de que a vida está no seu rumo certo? Ou assumirão que sou um opressor patriarcal porque cuido da segurança deles o tempo todo?".

E se a mulher *sapiens* perguntasse a você o seguinte:

Mulher *sapiens* de 50 mil anos atrás: "Se eu for uma boa mãe, cuidar da minha família com carinho e respeito e ajudar na sobrevivência dela, serei amada e respeitada pelo meu marido, que verá em mim uma parceira confiável? Minhas filhas verão em mim um modelo a seguir ou acharão que sou uma idiota que deveria pensar sempre primeiro em minha carreira de caçadora coletora?".

O que você responderia? Cuidado, essa gente da Pré-história dá de dez a zero em nós, porque pegavam a vida pelos cabelos, enquanto nós a terceirizamos a cada dia. Cuidado, porque essas mulheres, além de gostar de ficar de quatro, sabiam caçar e matar. E esses homens não tinham medo de colocá-las de quatro depois da caça.

Eu diria: fiquem na Pré-história ou esperem alguma catástrofe em que os luxos desapareçam da face da Terra e aí as pessoas, talvez, se lembrem de que não foram elas que inventaram o mundo, nem os animais que se arrastam sobre ele. Uma leitura do livro de Jó nos ajudaria um pouco: nenhum de nós estava aqui quando as estrelas foram colocadas no céu. Ninguém sabe a data de nascimento das estrelas. Deveríamos reverenciar o passado, e não o futuro. Não sabemos nada sobre como as coisas na verdade são, no seu mistério. O sexo merece o mesmo respeito que as estrelas.

Tudo ficou muito fácil nos últimos anos. Suspeito que apenas o homem pré-histórico em nós, escondido por entre as brechas de nossa estupidez, pode ainda dizer alguma coisa que importe. No mais, tudo é vaidade e política. E, quando tudo vira vaidade e política, o melhor é fugir. Ao situarmos o sexo apenas na oposição oprimido-opressor, como fazem as políticas do sexo, deixamos de vê-lo na verdadeira teia em que se encontra ancestralmente, vindo de muito mais longe do que pensa a nossa vã filosofia. O desejo está mais perto da data de nascimento das estrelas do que da data de nascimento de Foucault.

Ainda na Pré-história: um dia comum

A solidão sempre foi um risco para nossa espécie. Sabemos que cuidar de uma fêmea *sapiens* grávida, há 100 mil anos (e ainda hoje), era um investimento de todo o bando. Imagine quando eram muitas grávidas ao mesmo tempo. O bando deveria acordar cedo e cuidar das crianças e dos mais doentes. Garantir comida de sol a sol. Carregar carne nas costas todos os dias, cuidando para que o cheiro de sangue não atraísse predadores. Lavar todas aquelas crianças a cada dia. Conversar à noite, sobre bobagens, ao lado do fogo. Sentir a dor dos mortos. O fato de que encontramos esqueletos de homens e mulheres idosos e com defeitos físicos claros é prova de que cuidávamos de nossos doentes. Uma prole prematura como a nossa, e uma fêmea frágil como a nossa, com um peso enorme em sua barriga, eram sempre variáveis delicadas na fuga de predadores e inimigos. Por isso, os evolucionistas suspeitam que os laços afetivos foram essenciais na sobrevivência da espécie. Aprender a chorar, amar, odiar, sorrir e perdoar, em algum momento, nos salvou da extinção. Em algum momento, há 15 mil anos descobrimos a agricultura e viramos presas de nossos bens. Não adiantava mais fugir simplesmente porque não se carrega uma plantação de batatas nas costas. Com a agricultura vieram as cidades, os impostos e os Estados. Há centenas de milhares de anos vivemos nós, homens e mulheres, cuidando uns dos outros, mergulhados num mundo de imperfeições, mas duradouro. Uma miríade de comportamentos se confundiram ao longo desse tempo. O mundo contemporâneo assume que pode reinventar a vida, o homem e a mulher. Eu prefiro conversar com os neandertais.

Ainda na Pré-história: sobre o chão

Ela de quatro. Ele por trás. Os dois sorrindo enquanto ela gemia. O fogo à noite, todos ao redor. Em meio à noite, uma febre terrível nos pequenos. Um deles de repente para de se mexer. Imóvel, morto. A dor escorre pelos olhos dela e dele. Uma velha traz uma bebida para a mãe numa coisa parecendo uma casca de fruta. Outros se aproximam em silêncio. Ninguém diz uma palavra. Os dois saem andando atordoados. Enterram o pequeno morto. Na parede de uma caverna próxima, a mãe passa a riscar com tinta ocre a face do pequeno morto. As mãos cobertas com o ocre sujam o rosto dela, molhado. Gosto de sal na boca. O pai, sentado, acompanha a dor de sua mulher. Ao final, os dois sentados próximos ao fogo, à noite, fazem um som com a voz que nunca chegamos a conhecer. O nascimento da música? No dia seguinte, comem a carne de um animal morto. O dia recomeça. Esses são os nossos patriarcas.

Este livro, composto na fonte Fairfield,
foi impresso em papel pólen bold 90 g/m², na gráfica Santa Marta.
São Bernardo do Campo, fevereiro de 2020.